AF332766

NOTICE

SUR

LAURENT FAUCHIER,

Peintre de Portraits,

PAR M. J.-B.-F. PORTE.

AIX,

IMPRIMERIE DE VEUVE TAVERNIER,

Rue du Collège, 20.

1847.

NOTICE

SUR

LAURENT FAUCHIER,

Peintre de Portraits,

PAR M. J.-B.-F. PORTE.

AIX,

IMPRIMERIE DE VEUVE TAVERNIER,

Rue du Collège, 20.

1847.

NOTICE

LAURENT FAUCHIER,

Peintre de Portraits,

PAR M. J.-B.-F. PORTE.

———————•———————

Nous avons ailleurs exprimé nos regrets sur le
sort de quelques artistes d'un talent distingué que
leur destinée avait enchaînés au fond des provinces,
alors que la distance de la capitale était un obstacle
à leur célébrité. Ces regrets nous les éprouvons encore bien vivement ici, à l'égard de Laurent Fauchier, peintre, que son mérite avait placé au-dessus
des artistes les plus remarquables de la Provence.

Avant d'entrer en matière, nous croyons devoir

réfuter quelques erreurs commises par Achard (1), dans la vie de ce maître.

Achard avance que Laurent Fauchier était né en 1631, à Brignoles, petite ville du département du Var. Ce sont deux erreurs. Il est vrai seulement que Balthazard Fauchier son père était d'abord orfèvre à Brignoles ; qu'il avait quitté ensuite cette ville, pour s'établir à Aix où naquit Laurent en 1643.

Il dit encore que Simon Vouet, peintre célèbre, en voyant un portrait peint par Fauchier, ne put retenir son admiration, et que sans faire attention qu'un rival du mérite du jeune Fauchier, pourrait partager l'estime qu'il s'était si justement acquise et nuire à ses intérêts, il n'oublia rien pour engager madame de Venel, sous-gouvernante des enfants de France, à attirer Fauchier près d'elle.

Quelque flatteur que soit ce qu'avance Achard pour le talent de Fauchier, et honorable pour le caractère de Simon Vouet, nous ne pouvons l'admettre, puisque d'après les biographies, Simon Vouet mourut en 1641 (2), c'est-à-dire deux ans avant la naissance de l'artiste provençal.

---

(1) *Les Hommes illustres de la Provence*, tom. IV.

(2) Watelet et Lévesque, *Dictionnaire des arts de peinture, sculpture, et gravure*, Paris, 1792, tom. IV, pag. 333 et suiv. — *Livret du Musée royal*, 1835. — M. Robert Dumesnil, *le Peintre-graveur français*, Paris, 1841, tom. V, pag. 71, etc.

La ville d'Aix donna naissance, en 1643, à Laurent Fauchier, une des plus grandes illustrations artistiques de la Provence. « Laurent Fauchier, porte le registre des naissances de l'église Saint-Sauveur, fils de Balthazard Fauchier et de demoiselle Anne Marguerit, a été baptisé le 11 mars 1643. Le parrain a été M. Laurens Fauchier et la marraine Jehane Chantre (1). » C'étaient ses aïeuls. Son père Balthazard était maître orfèvre, établi d'abord à Brignoles et ensuite à Aix où il avait épousé la fille d'un marchand nommé Marguerit (2). M. Roux-Alphéran (3) ajoute même que Fauchier naquit à la rue Sabaterie. Balthazard ayant perdu sa femme, concentra sur ce fils toute sa tendresse. Il voulut dans la suite lui faire apprendre les belles-lettres; mais entraîné irrésistiblement vers la peinture, l'enfant négligea pour dessiner les études que son père lui avait imposées. Balthazard ne voulut pas qu'il se livrât au dessin. Il le menaçait, le battait même pour l'en empêcher; mais les obstacles que rencontrait le jeune Laurent, ne servirent qu'à irriter son inclination, et il dessinait à l'insu de Bal-

____

(1) *Extrait des registres de baptêmes de Saint-Sauveur.* Communication faite par M. le docteur Pons.

(2) Cundier, *Mémoires manuscrits sur Laurens Fauchier.*

(3) *Les Rues d'Aix ou Recherches historiques sur l'ancienne capitale de la Provence,* tom. 1, pag. 58.

thazard, parce qu'il redoutait sa colère. Un jour, il fut tellement frappé de la beauté qu'offrait le site d'une maison de campagne possédée par son père, aux environs d'Aix, qu'il résolut d'en faire clandestinement le dessin. Pour l'exécution de ce projet, il s'y rendit plusieurs fois et s'appliqua à rendre fidèlement ce qu'il avait sous les yeux. L'attention qu'il portait à son travail, l'empêcha d'apercevoir son père qui ayant présumé le motif des excursions du jeune homme, était allé sur les lieux, pour le détourner d'une occupation à laquelle il ne voulait pas absolument qu'il se livrât. Mais après avoir jeté les yeux sur le dessin du jeune Fauchier, Balthazard fut tellement satisfait, qu'il embrassa tendrement son fils, en versant des larmes de bonheur. Le P. Bougerel (1) à qui nous devons la majeure partie des matériaux qui ont servi à la composition de cette notice, donne la description du dessin. Il ne nous paraît pas sans intérêt, de faire connaître le premier essai de Fauchier, dans un art où il réussit si bien. On y voyait un pâtre conduisant des bœufs. Plusieurs vieilles vignes et les restes d'un monument antique se voyaient au dernier plan dans lequel serpentait une rivière. Fier des dispositions de son fils, Balthazard lui permit de continuer ses études de dessin. D'après son conseil,

_____

(1) *Vies des Provençaux illustres*, MS.

Laurent reçut des leçons de Mimault, bon peintre d'Aix et élève de Finsonius. Sous sa direction, Fauchier copia des toiles de grands maîtres, qui abondaient à Aix. Quoiqu'il fit ordinairement des tableaux d'histoire, Mimault peignait néanmoins des portraits qu'il traitait dans le genre historique, c'est-à-dire avec noblesse et une touche large. Fauchier ne pouvait choisir de meilleur maître en Provence.

Guidé par un amour aveugle envers son fils et par la passion qu'il portait à l'orfèvrerie, Balthazard Fauchier interrompit une seconde fois, les progrès de Laurent. Il résolut d'en faire son remplaçant dans l'art qu'il professait. Cette fois Laurent obéit. Il ne tarda pas à passer maître orfèvre, à la satisfaction de Balthazard. Les amis de Fauchier regrettaient néanmoins que ce jeune homme doué d'un rare talent, se vouât à cette carrière. Ils agirent auprès de lui, pour le rendre à la peinture dans laquelle il s'était distingué par de brillants débuts. Fauchier ne fut pas difficile à gagner. L'embarras consistait à avoir l'approbation du père ; cependant à force d'instances, on parvint à l'obtenir.

Laurent Fauchier vit bien que le voyage de Rome était indispensable à son avancement. Il demanda à son père la permission de l'entreprendre ; mais la tendresse paternelle s'alarma à cette ouverture. Tremblant de perdre un fils qu'il idolâtrait, Balthazard ne songea qu'à empêcher son départ. Il ne trouva pas d'autre moyen pour détourner Laurent, que de le marier au plus tôt. Il lui en fit la proposition que celui-ci n'osa refuser, quoiqu'il vît avec douleur dans l'union proposée, un empêchement à son voyage d'Italie. Il épousa à Aix, le 7 août 1664, Anne Marguerit (1) qui portait ainsi les mêmes noms que sa mère.

Le cardinal duc de Vendôme, alors gouverneur de Provence, aimait beaucoup Fauchier et favorisait ses progrès. Il l'amena avec lui à Paris. Arrivé en cette ville, le cardinal voulut avoir son portrait, de la main de Mignard qui avait la réputation d'un habile portraitiste. Pendant les séances, placé derrière le peintre, Fauchier portait la plus grande attention à la pose du modèle, à la couleur, à la marche du pinceau et au faire du grand artiste. Le cardinal s'apercevant de ces soins, s'écria en riant: *prenez garde, vous avez derrière vous, un homme qui vous dérobera votre art.* Paroles prophétiques auxquelles aucun des trois n'ajoutait foi; et qui se réalisèrent complètement, puisque plus tard, Fauchier laissa Mignard derrière lui. Le portrait du duc de Vendôme étant terminé, Mignard, d'après ce qu'il avait ouï dire au prince, sur le jeune peintre,

---

(1) Cundier, *Mém. MS. sur Laurens Fauchier. — Notes communiquées par M. Pons.*

désira connaître plus particulièrement celui-ci. Les ouvrages, que l'artiste provençal lui montra, donnèrent à Mignard, une haute idée de son avenir. Il lui accorda de justes éloges pour ce qu'il avait fait, et de flatteurs encouragements sur ce qu'il pouvait faire encore. Il lui fut d'un grand secours à Paris, puisque outre ses conseils et le travail qu'il lui avait fait avoir, il l'engagea à peindre chez lui et sous ses yeux. Ce ne fut pas tout, Mignard lui procura plusieurs portraits et entre autres celui d'un seigneur de la Cour, dans lequel Fauchier montra un talent remarquable. Il le fesait travailler à la plupart des tableaux qu'il peignait. Avec un tel guide, Fauchier fit des progrès immenses. Il étudiait la manière et le faire de son maître, ainsi que des meilleurs artistes du temps. Il comprenait leurs exagérations, leurs défauts et sut les éviter. Ensuite lorsqu'il eut arrêté un plan sur la manière de peindre qu'il devait adopter, il fit des portraits recommandables pour le style, le coloris et la ressemblance. Sa réputation s'accroissait de jour en jour. On était si satisfait de ses ouvrages, que de toute part on lui demandait des portraits. Si Fauchier eût fixé sa demeure à Paris, les faveurs de la fortune et une brillante renommée lui étaient à jamais assurées. Malheureusement son père, par l'effet d'une tendresse mal entendue, ne pouvant se résoudre à une plus longue séparation, pressa son fils de retourner auprès de lui.

Arrivé dans sa patrie, Fauchier se trouva surchargé de travail. Les magistrats, les seigneurs, les simples particuliers voulaient être peints par lui. Il fit aussi des portraits à Marseille, entre autres celui de Jean-Baptiste Larose, peintre de marine, à qui nous consacrerons un article. Ce portrait passait avec raison, pour un des meilleurs du maître.

La haute opinion, que manifestaient pour Laurent Fauchier les grands artistes qui l'avaient connu, était commune à tous. Le sculpteur Pierre Puget portait tant d'estime à Fauchier, qu'il lui confia son fils, doué des plus heureuses dispositions et déjà élève de Valerio Castelli, peintre de Gênes. Fauchier répondit dignement à ce témoignage de confiance. Puget fils, plein de talent, fit honneur à son maître. Ses ouvrages qui consistent en portraits, sont peints dans la manière de Fauchier. Il mourut étant encore fort jeune.

M. de Venel s'était fait peindre par Fauchier. Il envoya son portrait à madame de Gaillard-Venel, sa femme, laquelle, ainsi qu'il a été dit, était sous-gouvernante des enfants de France. Cette peinture fit du bruit à la Cour. Nous avons dit que Fauchier s'était avantageusement fait connaître, lorsqu'il habitait Paris, et que sa réputation s'accroissait de jour en jour, quand il fut contraint par son père, de quitter cette ville. Mais c'était une réputation naissante, à laquelle l'absence devait indubitablement nuire. En effet, Fauchier avait été bientôt oublié. Madame de Venel tenta plusieurs fois de l'attirer auprès d'elle ; ce fut inutilement. Laurent s'excusait par des réponses modestes, et en protestant de sa reconnaissance envers madame de Venel. Quoique affligée de l'obstination de Fauchier, celleci ne se rebuta pas. Elle écrivit à son frère, M. de Gaillard, évêque d'Apt, pour engager le peintre provençal, à se rendre. Le prélat, en effet, renouvela les instances déjà faites par sa sœur. Fauchier s'en tenant aux mêmes réponses, opposa la même résistance, et il refusa des offres avantageuses qui lui furent faites pour qu'il consentît à aller à Paris. L'évêque d'Apt voyant qu'il fallait renoncer à gagner l'artiste, voulut pour condescendre aux prières de sa sœur, avoir son portrait de la main de Fauchier. En reconnaissance du bon vouloir que lui témoignait cette honorable famille, l'artiste porta à son ouvrage, tous les soins dont il était capable, et produisit une excellente peinture. M. de Gaillard l'envoya à sa sœur qui la mit sous les yeux des seigneurs de la Cour. L'admiration et les éloges furent unanimes. Mais en parvenant aux oreilles de Fauchier, ces louanges n'effleurèrent seulement pas

son amour-propre. Il préféra toujours le séjour d'Aix
à celui de la Cour.

Les magistrats du parlement de Provence char-
gèrent Laurent Fauchier de faire leurs portraits,
pour en décorer une des chambres du palais de
justice. L'artiste montra son désintéressement en
cette circonstance, par la minimité du prix qu'il
demanda pour la confection de l'entreprise. Nicolas
Pinson, peintre de Valence, établi à Aix, avait déjà
exécuté plusieurs tableaux d'histoire pour la voûte
de la grand'chambre du palais. Fauchier commença
la suite des peintures dont il s'était chargé, par le
portrait en pied de Henri de Meinier Forbin, baron
d'Oppède, premier Président du parlement d'Aix.
Quelques jours après, tandis qu'il travaillait avec
son ardeur habituelle, il fut attaqué d'une fièvre
maligne de laquelle il mourut. C'était au commencement de l'année 1672, n'étant âgé que de 29
ans. Il fut enseveli dans l'église des FF. Mineurs
conventuels, autrement dits des Cordeliers. On lit ce
qui suit dans le registre mortuaire, tenu à l'église
des Cordeliers d'Aix :

« Die veneris. 25 mars 1672, obiit M. Josephs
« Fauchier, fameux peintre. Offertorio 5 livres.
« Habuit 13 faces (flambeaux). »

« Die sabati 26, avons dit le chanté du susdit
« M. Josephs Fauchier. De offertorio,.... nihil ».

En marge est répété le nom de Josephs Fauchier, écrit d'un autre main (1).

Le prénom Joseph, précédent le mot Fauchier, pourrait faire naître des doutes sur l'identité du personnage, si l'on ne savait que les registres mortuaires étaient tenus dans les couvents, avec une négligence inconcevable, mais la qualification de *fameux peintre*, ajoutée au nom de Fauchier, démontre suffisamment que le prénom *Joseph* est une erreur, commune, au reste, à la majorité des noms mentionnés dans ces registres. Enfin l'année 1672, à laquelle nous plaçons la mort de Fauchier, est prouvée par deux lettres de madame de Sévigné à madame de Grignan, sa fille. Nous les mettrons bientôt sous les yeux du lecteur.

Nous fairons observer d'abord que l'éditeur des œuvres de cette dame (2) dit que Fauchier, excellent peintre provençal, en faisant le portrait de madame de Grignan, en Madeleine, fut pris d'une colique si violente qu'il en mourut. Le P. Bougerel prétend aussi, que ce fut tandis qu'il peignait la comtesse de Grignan. Selon Achard et la tradition, au contraire,

---

(1) Note communiquée par M. Pons, et tirée du registre mortuaire de l'ancien couvent des Cordeliers d'Aix, déposé aujourd'hui aux archives du Tribunal de première instance de la même ville.

(2) *Lettres de madame de Sévigné, de sa famille et de ses amis*, Paris, MDCCCXVIII, tom. III, pag. 169, lettre 236.

ce serait lorsqu'il travaillait au portrait de madame de Forbin , connue alors en Provence, sous le nom de *la Belle du Canet*. La diversité des travaux attribués à Fauchier, lorsque la mort le surprit , doit être exacte. Nous nous contentons ici de la mentionner. Plus tard, cette constatation servira de preuve à ce que nous avons à dire sur la méthode du maître , pour obtenir dans ses ouvrages toute la ressemblance possible.

Voici comment s'exprime madame de Sévigné , dans une lettre adressée à madame de Grignan , sa fille, le 23 mars 1672 (1) : « J'aime fort votre petite histoire du peintre ; mais il faudroit, ce me semble, qu'il mourût...... Vos cheveux frisés *naturellement* avec le fer, poudrés *naturellement* avec une livre de poudre, du rouge au *naturel* avec du carmin , cela est plaisant. Mais vous étiez belle comme un ange. Je suis toute réjouie que vous conserviez, sous votre négligence, une beauté si merveilleuse, etc. »

Dans une autre lettre du 6 avril 1672 , écrite à la même (2), elle lui dit : « M. de Coulanges est au désespoir de la mort du peintre. Ne l'avois-je pas bien dit qu'il mourrait. Cela donne une grande beauté au commencement de l'histoire. Mais ce dé-

(1) *Lettres de madame de Sév.*, etc. , tom. III , pag. 169.
(2) *Id*. pag. 185 , lettr. 239.

nouement est triste et fâcheux pour moi qui pré-
tendois bien à cette Madeleine si bien frisée *naturellement.* »

Cundier assure que ce peintre était d'un caractère
fort doux. Il avait toujours professé pour son père
et malgré les contrariétés qu'il en recevait sans
cesse, une respectueuse tendresse. Il n'était pas
moins désintéressé. Il en fournit une preuve dans
ses accords avec la magistrature d'Aix, au sujet de
la suite de portraits qu'il devait peindre pour la
Cour de parlement et dans le peu de fortune qu'il
laissa à sa mort, quoiqu'il eût travaillé sans cesse.
Sans orgueil, il était insensible aux fumées de la
gloire, et recherchait l'obscurité ; mais il tenait
essentiellement à la réputation d'honnête homme.
L'historien F. Bouche dit qu'il était l'ennemi de la
contrainte, et qu'il travaillait indifféremment le jour
et la nuit (1). Rarement il était content de ses ouvrages ; aussi ne les faisait-il que pour lui, et si dans
la suite, il consentit à les faire connaître, ce ne fut
que pour se soustraire aux obsessions de ses amis.

L'appréciation des ouvrages de Laurent Fauchier,
doit trouver ici une place importante. Cet artiste se
destinait à la peinture historique. Ses études avaient
été dirigées sur ce point. Il avait attentivement

---

(1) *Essai sur l'histoire de Provence*, tom. II.

étudié les tableaux italiens. A défaut de peintures
des sommités artistiques de ce pays, il méditait pro-
fondément sur la composition des ouvrages gravés
d'après les tableaux ou les dessins de Raphaël, de
Michel-Ange, de Jules Romain, du Corrège, des
Carrache, du Dominicain, etc. Ensuite pour épurer
son goût, il étudiait le style et les formes qui ren-
dent si admirables, les sculptures antiques de la
Grèce. Il fit aussi des études approfondies sur les
peintures des grands coloristes. Mais il portait un
judicieux discernement dans ce qu'il y avait à adopter ou à rejeter de leurs ouvrages, afin de se rap-
procher de la nature. En attendant qu'il travaillât
dans la peinture historique, il avait fait de nombreux portraits qui furent suivis de demandes sans
cesse renaissantes. Ces considérations forcèrent
Fauchier à renoncer à son rêve chéri, c'est-à-dire,
à la peinture de l'histoire, pour se livrer exclusi-
vement à celle du portrait, quoiqu'elle fût pour lui
beaucoup moins lucrative. Malheureusement lorsqu'un peintre a réussi dans ce dernier genre, cha-
cun ne songe qu'à soi. Peu importe ensuite que
l'artiste ne recueille pas la haute renommée qui
l'attendait à une place plus élevée.

Si les études de l'antique et des grands maîtres
d'Italie, devinrent inutiles à Fauchier, pour le genre
de peinture à laquelle elles se rattachaient naturel-

lement, elles lui furent profitables pour celle que l'excessive bonté de son caractère, l'avait engagé d'adopter. Aussi un goût exquis dirigea-t-il toujours son pinceau, aussi ne se lasse-t-on pas d'admirer dans ses productions, avec la noblesse du style et des attitudes, une carnation brillante et vraie, un savant parti de lumière, une grande vigueur de tons, une parfaite entente du coloris et la plus puissante verve d'exécution. Il ne donnait pas toujours à ses têtes, le même degré de fini. Cela dépendait de l'éloignement duquel devait être vu le portrait, parce qu'alors il laissait à la distance, le soin de fondre les tons. D'après ce calcul, les portraits produisaient de cet éloignement, l'effet qu'ils auraient produit, si devant être vus, de près l'artiste y eût donné le dernier degré de fini. Ses têtes respiraient la vie et tout le sentiment possible. Les yeux étaient vifs et perçants, lorsque ceux des modèles étaient tels. Pour produire ce haut degré de vie, Fauchier appliquait dans l'intérieur du globe et sur une partie de ses bords, des tons brillants qui donnaient aux yeux, l'humidité de la nature, remarque que nous n'avons faite qu'aux peintures de ce maître, ce qui en outre fournit aux traits, beaucoup d'expression et produit un effet très piquant. Il avait l'imagination fertile. Ses draperies sont peintes à larges plis et ses cheveux admirables par leur légèreté et le ton de couleur. La vérité des poses et celle des chairs font de ses têtes, des morceaux de la première beauté. Mais pour être vrai en tout, il faut dire que quelquefois, les mains de ses portraits ne sont pas irréprochables pour le dessin. La raison en est que depuis qn'il avait renoncé à la peinture historique, la pratique du dessin lui devenant moins nécessaire, il l'avait abandonnée, pour se livrer, sans réserve, à des études sur la ressemblance des traits et sur leur expression.

On doit, quand on le peut, faire connaître les manières employées par les maîtres habiles. Une pareille indication ne peut être que très profitable aux artistes. A ce sujet, nous dirons qu'il paraît que dès les commencements de sa pratique dans l'art du portrait, Fauchier avait remarqué que des rapports intimes existaient entre les yeux et la bouche. Il avait, sans doute, observé encore cette empreinte que laissent sur la face, le caractère de l'individu et sa tournure d'esprit, ce qu'on appelle physionomie. Mais il s'était assuré que cette physionomie est tellement fugitive, qu'elle se dissipe dans le repos; que cependant, elle contribuait plus à la ressemblance, que l'exacte répétition des traits; qu'on ne peut saisir le jeu de la physionomie, qu'en un instant et avant que la vivacité habituelle des yeux se soit éteinte., que les chairs du visage aient subi un certain affaissement, et que la physionomie ait ainsi perdu son caractère particulier, ce qui ne manque pas d'arriver à ceux qui se trouvent sous la contrainte d'un repos forcé, de certaine durée.

Pour réussir dans la ressemblance des traits et de la physionomie, l'expérience avait démontré au portraitiste qu'il fallait souvent suspendre ses travaux pour les oublier, c'est-à-dire, commencer d'autres peintures et ne reprendre le premier portrait, qu'après l'avoir entièrement perdu de vue. C'est apparemment dans cette idée qu'il avait contracté l'habitude d'entreprendre plusieurs portraits à la fois et d'y travailler ensuite alternativement. Laurent Fauchier s'était fait une règle de peindre de cette manière. Aussi on a vu que, lorsque la mort le surprit, il en avait commencé plusieurs. Ce ne sont là que de simples conjectures que justifie sa manière de traiter le portrait. Nous les soumettons à l'appréciation des artistes qui, mieux que les autres, peuvent juger du degré de véracité qu'elles présentent. Tant de soins, pris par Laurent Fauchier, pour son avancement dans l'art, décèlent un esprit observateur, des études sérieuses et une application raisonnée autant que soutenue.

Ce qui vient d'être dit sur le mérite des œuvres de Fauchier, n'est nullement exagéré. Le croirait-on cependant? Par l'effet d'une fatalité attachée aux productions de la province, les belles toiles de ce peintre sont généralement bannies des collections de nos amateurs. En rendant justice à leur rare beauté, on préfère pourtant y voir figurer des compositions quelquefois faibles et presque toujours d'une origine douteuse ; mais attribuées à des maîtres dont la réputation fut européenne ; et l'on repousse des tableaux indubitables du peintre d'Aix, dont le mérite est certain. La raison en est que le peintre d'Aix est inconnu à Paris, et que ses portraits ne sont pas rares dans la ville où il reçut le jour.

Nous désignons ici quelques ouvrages peints par Laurent Fauchier, en faisant observer que nous les divisons en deux parties. La première comprend les tableaux dont l'existence nous est révélée par Cundier, le P. Bougerel et Achard, et la seconde ceux qui existent encore.

PREMIÈRE PARTIE.

1. L'apothéose de Saint François, tableau dont Achard nous fournit la description. Le ciel s'ouvre et laisse voir plusieurs esprits bienheureux, l'un desquels présente au Saint, une couronne de fleurs. Ce tableau appartenait à M. de Gaillard de Lonjumeau, amateur d'Aix.

2. Le portrait de Jacques Gaffarel, bibliothécaire du cardinal de Richelieu.

3. Celui d'Hippolyte Senturione, seigneur gênois.

4. De M. de Piolène, président à mortier du parlement d'Aix.

5. De M. de Périer.

6. Du conseiller d'Eyglun.

7. De M. de Ventimille Seisson, à Marseille.

8. De M. Arnoult, intendant des galères, représenté en pied.

9. De madame de Gabi, peinte en bergère.

10, 11, 12. Les portraits des trois premiers présidents de Bernet (1).

13. Le portrait de M. de Venel.

14. De M. de Gaillard, évêque d'Apt.

Ces deux derniers portaits avaient été envoyés à Paris, à madame de Venel, épouse du premier et sœur de l'évêque d'Apt.

15. Du nain de M. de Venel. On le voyait dans le cabinet de M. de Gaillard de Lonjumeau.

16. Du cardinal, duc de Vendôme, gouverneur de Provence.

17. De M. de Gaillard de Lonjumeau.

18. D'une femme, représentée sous un costume polonais.

---

(1) Cités par M. Roux-Alphéran, dans *les Rues d'Aix ou Recherches*, etc., tom. 1, pag. 59.

19. Du président de Grimaldi de Regusse. Il était d'une grande dimension. Ce seigneur était représenté avec la robe rouge et l'hermine. On y voyait plusieurs accessoires.

20, 21, 22, 23, 24. Cinq portraits de madame de Forbin, désignée alors à Aix, sous le nom de *la Belle du Canet*.

25. Le portrait en pied de Henri de Meinier Forbin, baron d'Oppède, dernier ouvrage de Fauchier. Le graveur Cundier acheta ce tableau et en exécuta la gravure.

SECONDE PARTIE.

26, 27. Deux tableaux, de nature morte, attribués à Fauchier et appartenant à M. le marquis d'Albertas.

Le premier représente une table sur le devant de laquelle est peint un bas relief, composé de jeux d'enfants. On voit sur la table, des citrons, des grenades, des raisins, un citron coupé dans un plat de métal et une corbeille en osier, remplie de raisins.

Dans le second paraît une table sur laquelle se trouve une écrevisse, des poissons, un chaudron, un panier en osier, renfermant des poissons de diverses espèces, des oignons tressés en rangs, pendus au mur et rendus avec une grande vérité.

Ces tableaux sont peints à l'effet. Le second est remarquable par la vérité et le ton de couleur. On voit dans ces deux peintures, des coups de lumière fort brillants, ce qui tient à la manière du maître. Mais on n'y remarque pas, surtout dans le premier, le fini que mettait ordinairement, Fauchier à ses tableaux. Nous n'osons donc assurer que les deux productions dont il s'agit, soient de ce maître.

28. Portrait d'Imbert, greffier du parlement d'Aix, pinçant du luth. Ce portrait rapporte Bougerel, avait été entouré d'une belle bordure, travail d'un des plus habiles sculpteurs sur bois, de la Provence. Il fit ensuite partie de la collection de tableaux de M. Magnan de la Roquête, et aujourd'hui il appartient à M. de Sinety. Le P. Bougerel ajoute que Coëlmans, graveur belge, établi à Aix, montra à Hyacinthe Rigaud, habile artiste, qui se trouvait en cette ville, le portrait d'Imbert, considéré comme le meilleur ouvrage de Fauchier, et qu'après l'avoir attentivement examiné, Rigaud s'écria : *voilà un des plus beaux ouvrages que j'aie vu dans ma vie.*

Ce jugement qui était l'expression de l'opinion de ce temps, ne serait peut-être pas sanctionné aujourd'hui par les connaisseurs. A la vérité le portrait d'Imbert est admirable par l'attitude, la beauté des traits, le parti de lumière qui produit un très bel effet et par la ressemblance. Mais d'abord ce dernier mérite ne doit nullement compter maintenant, le greffier Imbert n'étant pas un personnage historique. Il faut convenir aussi que le ton des chairs, quoique vraisemblablement le même que le ton de la nature, n'est pas recommandable par la beauté, malgré le magnifique parti qu'en a tiré l'artiste, tandis que plusieurs autres peintures de Fauchier, ont au même degré, les qualités dont nous parlons et le surpassent par un coloris lumineux et par le sentiment qui les anime.

29. Petit portrait représentant un jeune enfant en cheveux épars, ébauche avancée, peinte sur un fond clair. Cette tête est d'un bel effet de couleur et pleine d'animation. On la voit, à Aix, dans le cabinet de M. Alexandre de Lestang Parade.

. 30. Un portrait de femme d'un effet très agréable, dans un très petit ovale. Il est fâcheux que les cheveux aient été altérés par le frottement. Il appartient à M. d'Agay.

31. M. Roux-Alphéran possède une petite esquisse représentant Henri de Forbin d'Oppède, en pied.

32. Tableau d'un grand format, représentant un membre de la famille de Saint Paul, actuellement en la possession de M. de Vallori.

33. *Le jeune guerrier*. Portrait célèbre par sa

beauté, d'un personnage inconnu. Il est possédé par M. de Sinety.

34. Un portrait de femme inconnue, appartenant d'abord à M. d'Arlatan de Lauris, et donné ensuite par lui à un peintre portraitiste du Piémont, nommé Pellen, à qui il fut d'une grande utilité, car ayant étudié la couleur et le faire de Fauchier, son coloris gagna beaucoup dans ses ouvrages subséquents.

35. Portrait d'un magistrat du parlement, de la famille de Gras. Il est conservé chez M. de Gras, conseiller en la Cour royale d'Aix, un de ses descendants.

On voit dans la riche collection de M. Clérian, ancien directeur de l'école gratuite de dessin, de la ville d'Aix, six portraits de Fauchier, savoir :

36. Celui d'un inconnu portant un rabat uni. La carnation en est pâle; mais le caractère de tête fort spirituel, et le parti de lumière d'une rare beauté.

37. Portrait de femme de la famille de Brégançon, dont le corps paraît jusqu'aux genoux. Elle porte des fleurs dans une draperie. On découvre au fond un paysage. La beauté des contours et du dessin, la grace répandue sur sa personne, la douceur et la vivacité des traits, la noblesse de l'attitude et le brillant du coloris doivent le faire considérer comme un des portraits les plus capitaux de Fauchier. Il est d'une dimension considérable.

38. Tête de jeune homme, à rabat dentelé, excellente peinture.

39. Tête de femme, précieusement peinte. Elle est de forme ovale.

40, 41. Deux études de tête dont l'une d'homme et l'autre de femme, faites primitivement pour une seule composition, mais aujourd'hui séparées.

42. La famille de Grasse du Bar possède le portrait de Jean-Baptiste Larose, peintre de marine. Cet admirable portrait, après la mort de Larose appartenait au président de Bandol, et ensuite il vint en la possession du propriétaire actuel.

L'auteur de cette notice possède quatre portraits de Fauchier que nous allons décrire :

43. Tête vue de trois quarts, tournant vers la gauche du spectateur. Rabat et commencement d'hermine, seulement indiqués. Le peintre a tiré tout le parti possible de l'impression rouge de la toile pour les ombres, afin de peindre avec plus de prestesse. Cette ébauche est d'une excellente pâte, et décèle une grande pratique.

44. Portrait d'un inconnu, vêtu en simple particulier. Il porte un rabat, orné de broderies. Il n'y paraît point de mains. La figure est maigre et parfaitement modelée, l'air de tête, sévère. De longs cheveux, légèrement peints, tombent sur ses épaules. Ce portrait est de forme ovale.

45. Un conseiller au parlement, vêtu d'une robe rouge. Ce portrait est de forme carrée. La figure en est maigre et très bien modelée. Il paraît une main tenant un papier.

46. Un jeune conseiller en robe rouge, dont la tête est vigoureusement peinte et pleine de vie. Les yeux sont lumineux et les cheveux fort beaux. Il tient dans sa main un papier ouvert.

Il faut prévenir les amateurs de se tenir en garde contre des portraits attribués à tort à Laurent Fauchier. Les moins faciles à distinguer, sont peut-être ceux de Puget fils, élève de Fauchier, parce qu'il mourut avant de s'être formé un style et une palette, et qu'il a copié avec talent des portraits d'après Fauchier et sous ses propres yeux. Palme, peintre de portraits, avait également travaillé dans la manière de Fauchier. Enfin une assez grand nombre de peintres provençaux ont aussi copié des portraits de cet artiste.

Laurent Fauchier a gravé à la pointe le portrait de M. de Grimaldi de Regusse, d'après lui-même. Voici la description qu'en donne M. Pons.

« Il est en buste, tourné à gauche, regardant de face, vêtu de sa robe d'hermine, dans un ovale marbré, et se détachant sur un fond teinté de tailles verticales, portant au milieu un écusson aux armes des Grimaldi, surmonté d'un mortier et soutenu par un chien, de l'un et de l'autre côté. Sur la console, on lit à gauche, *L. Fauchier;* et à droité, *pin. et fecit.* Hauteur 327 millimètres, largeur 252 millimètres. »

Nous avons vu la gravure sur laquelle M. Pons a fait cette description qui est exacte; mais l'épreuve étant une des dernières du tirage, nous nous abstenons de parler du mérite de cette estampe. On peut dire seulement, que, malgré la fatigue du cuivre, la pointe paraît aussi vigoureuse que le pinceau du peintre.

M. Pons nous fournit encore la description de la pièce suivante qu'il attribue à Fauchier :

« Portrait d'un inconnu. Il est dans un ovale, en buste, vu des trois quarts, tourné à gauche et regardant de face. Il est vêtu d'un habit collant, porte un rabat uni et une calotte d'où s'échappent des cheveux, tombant sur ses épaules. Dans l'angle bas de gauche, se lisent, ménagés en blanc, les mots : *Lauren Fauchier.* Dans le correspondant de droite, le mot *pinxit.* Morceau en mezzo-tinto. Hauteur 142 millimètres, largeur 118 millimètres.

« Bien que l'inscription ne porte que le mot *pinxit,* il est cependant incontestable que c'est aussi Fauchier qui l'a gravé. Cette pièce est inédite et je la crois de la plus grande rareté. Je n'en connais que trois épreuves; une à la bibliothèque publique d'Aix, parmi les portraits de M. de Saint Vincens; la seconde à Paris, dans la belle collection de M. de Baudicour, et la mienne. »

Nous ne pouvons partager l'opinion de M. Pons, relativement à l'auteur de cette pièce. Il nous semble en premier lieu que rien n'autorise à croire que Laurent Fauchier ait gravé cette planche, puisque l'inscription le désigne comme l'auteur de la peinture, seulement. Il faut remarquer en outre, que cette petite estampe, au lieu d'être gravée à l'eau-forte qui ne demande qu'une main d'artiste et que les peintres qui ont gravé, préferèrent toujours, comme étant plus simple et plus expéditive que tout autre, est pourtant gravée à la manière noire qui, au contraire, exige de longs travaux, une grande habitude dans le maniement des outils et beaucoup de temps. Il faudrait supposer que Laurent Fauchier qui était entièrement étranger à cette manière de graver, aurait débuté par un chef-d'œuvre. On ne saurait l'admettre, car la parfaite expression de la tête et la beauté des accessoires, supposent la plus grande facilité dans le maniement des outils, fruit d'une pratique longue et soutenue, ce que le manque d'usage de Fauchier, ne permet pas de lui accorder dans la manière noire. Si nous avions à émettre une opinion sur le nom du graveur de ce cuivre, nous dirions avec fondement qu'on peut l'attribuer à Sébastien Barras, graveur d'Aix, qui a montré souvent, une habileté, nous osons le dire, de première force, dans la gravure en manière noire. Cette estampe a plus d'un rapport avec la façon de graver de Sébastien Barras.

D'après Bougerel, Cundier avait acheté du président d'Oppède, le portrait de Henri de Meinier Forbin, baron d'Oppède, et d'autres portraits de magistrats du parlement de Proveuce, la plupart peints par Laurent Fauchier. Il les grava pour les publier. Réunis, ils forment une suite de 20 portraits. Mais le travail du graveur est bien loin de rendre l'esprit, la couleur, en un mot, le beau talent du peintre.

La perte d'un jeune homme que la mort a si prématurément enlevé à l'art, doit faire naître aux amateurs de la peinture, des regrets bien vifs. Mourir à vingt-neuf ans, lorsque déjà il s'était placé si haut dans l'opinion des connaisseurs, est à jamais regrettable. Fauchier possédait dans sa spécialité, des qualités rarement réunies chez les artistes. A la vérité, les ouvrages qu'il a laissés, ne brillent pas tous du même degré de perfection. Cela provient de diverses causes que nous ignorons; mais tous se distinguent des autres peintures du même genre, par la couleur et l'animation. Quoique mort à la fleur de l'âge, Laurent Fauchier a laissé d'excellents travaux. Cette remarque est de nature à joindre au regret d'être privés aujourd'hui de nombreux chefs-d'œuvre, la triste pensée que l'artiste aurait infailliblement avancé encore dans le chemin de la perfection, s'il eût poussé plus loin sa carrière.